AF325074

LOI DU 23 AOUT 1871

SUR

L'ENREGISTREMENT ET LE TIMBRE

COMMENTAIRE PRATIQUE

DES DISPOSITIONS RELATIVES

AUX BAUX ET AU TIMBRE DES QUITTANCES

REÇUS OU DÉCHARGES

ET A CELUI DES CHÈQUES

CHALONS-SUR-MARNE

J.-L. LE ROY, IMPRIMEUR-LIBRAIRE
Rue d'Orfeuil, 19
1871

LOI

L'Assemblée nationale a adopté, le président du conseil, chef du pouvoir exécutif de la République française, promulgue la loi dont la teneur suit :

Art. 1er. — Les dispositions de l'article 14 de la loi du 2 juillet 1862, relatives à la perception d'un second décime sur les droits et produits dont le recouvrement est confié à l'administration de l'enregistrement, sont remises en vigueur.

Art. 2. — Il est ajouté deux décimes au principal des droits de timbre de toute nature.

Ne sont pas soumis à ces deux décimes :

1o Les effets de commerce spécifiés en l'article 1er de la loi du 5 juin 1850, dont le tarif fixé par ledit article et par l'article 2 de la même loi, est porté au double, ainsi que les effets tirés de l'étranger, négociés, endossés, acceptés ou acquittés en France qui sont soumis aux mêmes droits ;

2o Les récépissés des chemins de fer, les quittances de produits et revenus délivrées par les comptables de deniers publics, conformément à l'article 4 de la loi du 8 juillet 1865, les reconnaissances de valeurs cotées, ainsi que les quittances de sommes envoyées par la poste, lesquels seront à l'avenir assujettis à un droit de timbre de vingt-cinq centimes ;

3o Les permis de chasse dont le droit, perçu au profit du Trésor, est élevé de quinze francs à trente francs.

Art. 3. — Les dispositions de l'article 7 de la loi du 18 mai 1850, concernant les valeurs mobilières étrangères dépendant des successions régies par la loi française, et les transmissions entre-vifs à titre gratuit de ces mêmes valeurs au profit d'un Français, sont étendues aux créances, parts d'intérêts, obligations des villes, établissements publics et généralement à toutes les valeurs mobilières étrangères, de quelque nature qu'elles soient.

Art. 4. — Sont assujettis aux droits de mutation par décès, les fonds publics, actions, obligations, parts d'intérêts, créances et généralement toutes les valeurs mobilières étrangères, de quelque nature qu'elles soient, dépendant de la succession d'un étranger domicilié en France, avec ou sans autorisation.

Il en sera de même des transmissions entre-vifs, à titre gratuit ou à titre onéreux, de ces mêmes valeurs, lesquelles s'opèreront en France

Art. 5. — Les actes d'ouverture de crédit sont soumis à un droit proportionnel d'enregistrement de cinquante centimes par cent francs.

La réalisation ultérieure du crédit sera assujettie aux droits fixés par les lois en vigueur, mais il sera tenu compte dans la liquidation du montant du droit payé en exécution du paragraphe premier du présent article.

Le droit d'hypothèque, fixé à un pour mille par l'article 60 de la loi du 28 avril 1816, sera perçu lors de l'inscription des hypothèques garantissant les ouvertures de crédit.

Art. 6. — Tout contrat d'assurance maritime ou contre l'incendie, ainsi que toute convention postérieure contenant prolongation de l'assurance, augmentation dans la prime ou le capital assuré, désignation d'une somme en risque ou d'une prime à payer est soumis à une taxe obligatoire, moyennant le payement de laquelle la formalité de l'enregistrement sera donnée gratis toutes les fois qu'elle sera requise.

La taxe est fixée ainsi qu'il suit, savoir :

1o Pour les assurances maritimes et par chaque contrat, à raison de cinquante centimes par cent francs, décimes compris, du montant des primes et accessoires de la prime.

La perception suivra les sommes de vingt francs en vingt francs, sans fraction, et la moindre taxe perçue pour chaque contrat sera de vingt-cinq centimes, décimes compris.

2o Pour les assurances contre l'incendie et annuellement, à raison de huit pour cent du montant des primes ou, en cas d'assurance mutuelle, de huit pour cent des cotisations ou des contributions.

La taxe sera perçue d'après les mêmes bases sur les contrats en cours, mais seulement pour le temps restant à courir et sauf recours par les assureurs contre les assurés.

Les contrats de réassurance ne sont pas assujettis à la taxe, à moins que l'assurance primitive, souscrite à l'étranger, n'ait pas été soumise au droit.

Art. 7. — La taxe fixée par l'article précédent sera perçue, pour le compte du Trésor, par les compagnies, sociétés et tous autres assureurs, courtiers ou notaires qui auraient rédigé les contrats.

Les répertoires et livres dont la tenue est prescrite par les articles 35, 44, 45, et 47, de la loi du

5 juin 1850, feront mention expresse, pour chaque contrat, du montant des primes ou cotisations exigibles, ainsi que de la taxe payée par les assurés en exécution de l'article 6 de la présente loi.

Chaque contravention à cette disposition sera passible d'une amende de dix francs.

Ces dispositions, celles de l'article 6 et celles des lois des 5 juin 1850 et 2 juillet 1862, sont applicables aux sociétés et assureurs étrangers qui auraient un établissement ou une succursale en **France.**

Art. 8 — Les contrats d'assurances passés à l'étranger pour des immeubles situés en France ou pour des objets ou valeurs appartenant à des Français, doivent être enregistrés avant toute publicité ou usage en France, à peine d'un droit en sus qui ne peut être inférieur à cinquante francs.

Le droit est fixé ainsi qu'il suit :

Pour les assurances contre l'incendie, à raison de huit francs par cent francs du montant des primes multiplié par le nombre d'années pour lequel l'assurance a été contractée ;

Pour les assurances maritimes, au taux fixé par l'article 6 ci-dessus.

Art. 9 — Les contrats d'assurances contre l'incendie passés en France pour des immeubles ou objets mobiliers situés à l'étranger ne sont pas assujettis au payement de la taxe ; mais il ne pourra en être fait aucun usage en France, soit par acte public, soit en justice ou devant toute autre autorité constituée, sans qu'ils aient été préalablement enregistrés. Le droit sera perçu au taux fixé par l'article précédent, mais seulement pour les années restant à courir.

Art. 10 — Un règlement d'administration publique déterminera le mode de perception et les époques de payement de la taxe établie par l'article 6 ci-dessus, ainsi que toutes les mesures nécessaires pour assurer l'exécution des articles 6 et 7 de la présente loi. Chaque contravention aux dispositions de ce règlement sera passible d'une amende de cinquante francs.

Art. 11 — Lorsqu'il n'existe pas de conventions écrites constatant une mutation de jouissance de biens immeubles, il y est supplée par des déclarations détaillées et estimatives, dans les trois mois de l'entrée en jouissance.

Si la location est faite suivant l'usage des lieux, la déclaration en contiendra la mention.

Les droits d'enregistrement deviendront exigibles dans les vingt jours qui suivront l'échéance de chaque terme et la perception en sera continuée jusqu'à ce qu'il ait été déclaré que le bail a cessé ou qu'il a été résilié.

En cas de déclaration insuffisante, il sera fait application des dispositions des articles 19 et 39 de la loi du 22 frimaire au VII.

La déclaration doit être faite par le preneur, ou, à son défaut, par le bailleur, ainsi qu'il est dit à l'article 14 ci-après.

Ne sont pas assujetties à la déclaration, les locations verbales ne dépassant pas trois ans, et dont le prix annuel n'excède par 100 francs. Toutefois, si le même bailleur a consenti plusieurs locations verbales de cette catégorie, mais dont le prix cumulé excède 100 francs annuellement, il sera tenu d'en faire la déclaration et d'acquitter personnellement et sans recours les droits d'enregistrement.

Si le prix de la location verbale est supérieur à 100 francs, sans excéder 300 francs annuellement, le bailleur sera également tenu d'en faire la déclaration et d'acquitter les droits exigibles, sauf son recours contre le preneur qui sera dispensé, dans ce cas, de la formalité de la déclaration.

Le droit sera exigible lors de l'enregistrement ou de la déclaration. Toutefois, si le bail est de plus de trois ans et si les parties le requièrent, le montant du droit pourra être fractionné en autant de payements égaux qu'il y aura de périodes triennales dans la durée du bail. Le payement des droits afférent à la première période sera seul acquitté lors de l'enregistrement ou de la déclaration, et celui des périodes subséquentes aura lieu dans le premier mois de l'année qui commencera chaque période.

La dernière disposition du n° 2 du § 3 de l'article 69 de la loi du 22 frimaire an VII, relative aux baux de trois, six ou neuf années, est abrogée.

Les dispositions du présent article ne seront exécutoires qu'à partir du 1er octobre prochain.

Art. 12. — Toute dissimulation dans le prix d'une vente et dans la soulte d'un échange ou d'un partage, sera punie d'une amende égale au quart de la somme dissimulée et payée solidairement par les parties, sauf à la répartir entre elles par égale part.

Art. 13. — La dissimulation peut être établie par tous les genres de preuves admises par le droit commun. Toutefois, l'administration ne peut déférer le serment décisoire, et elle ne peut user de la preuve testimoniale que pendant dix ans à partir de l'enregistrement de l'acte.

L'exploit d'ajournement est donné, soit devant le juge du domicile de l'un des défendeurs, soit devant celui de la situation des biens au choix de l'administration. La cause est portée, suivant l'importance de la réclamation, devant la justice de paix ou devant le tribunal civil. Elle est instruite ou jugée comme en matière sommaire ; elle est sujette à appel, s'il y a lieu. Le ministère des avoués n'est pas obligatoire, mais les parties qui n'auraient pas constitué avoué ou qui ne seraient pas domiciliées dans le lieu où siége la justice de paix ou le tribunal seront tenues d'y faire élection de domicile, à défaut de quoi toutes significations seront valablement faites au greffe.

Le notaire qui reçoit un acte de vente, d'échange ou de partage est tenu de donner lecture aux parties des dispositions du présent article et de celles de l'article 12 ci-dessus. Mention expresse de cette lecture sera faite dans l'acte, à peine d'une amende de dix francs.

Art. 14. — A défaut d'enregistrement ou de déclaration dans les délais fixés par les lois des 22 frimaire an VII, 27 ventôse an IX et par l'article 11 de la présente loi, l'ancien et le nouveau possesseur, le bailleur et le preneur, sont tenus personnellement et sans recours, nonobstant toute stipulation contraire, d'un droit en sus, lequel ne peut être inférieur à cinquante francs.

L'ancien possesseur et le bailleur peuvent s'affranchir du droit en sus qui leur est personnellement imposé, ainsi que du versement immédiat des droits simples, en déposant dans un bureau d'enregistrement l'acte constatant la mutation ou, à défaut d'actes, en faisant les déclarations prescrites par l'article 4 de la loi du 27 ventôse an IX, et par l'article 11 de la présente loi.

Outre les délais fixés pour l'enregistrement des actes ou déclarations, un délai d'un mois est

accordé à l'ancien possesseur et au bailleur pour
faire le dépôt ou les déclarations autorisés par le
paragraphe qui précède.

Les dispositions du présent article ne sont pas
applicables au preneur dans les cas prévus par les
paragraphes 5 et 6 de l'article 11 ci-dessus.

Art. 15. — Lorsque dans les cas prévus par la
loi du 22 frimaire an XII et par l'article 11 de la
présente loi, il y a lieu à expertise, et que le prix
exprimé ou la valeur déclarée n'excède pas 2000 fr.,
cette expertise est faite par un seul expert nommé
par toutes les parties, ou, en cas de désaccord,
par le président du tribunal et sur simple requête.

Art. 16. — Les tribunaux devant lesquels sont
produits des actes non enregistrés doivent, soit sur
les réquisitions du ministère public, soit même
d'office, ordonner le dépôt au greffe de ces actes,
pour être immédiatement soumis à la formalité de
l'enregistrement.

Il est donné acte au ministère public de ses
réquisitions.

Art. 17. — Il est accordé un délai de trois mois
à compter de la promulgation de la présente loi
pour faire enregistrer sans droits en sus ni amendes
tous les actes sous signatures privées qui, en
contravention aux lois sur l'enregistrement, n'auraient pas été soumis à cette formalité (1).

Le droit ne sera perçu pour les baux ainsi
présentés à l'enregistrement que pour le temps
restant à courir au jour de la promulgation de la
présente loi.

(1) Le ministre des finances, prenant en considération les
vœux émis par plusieurs Conseils généraux, a prorogé au 31 décembre 1871, le délai pour faire enregistrer et timbrer sans
droit en sus ni amende, les baux sous signature privée.

Le même délai de faveur est accordé pour faire la déclaration des biens transmis soit par décès, soit entre-vifs, lorsqu'il n'existera pas de conventions écrites.

Les nouveaux possesseurs qui auraient fait des omissions ou des estimations insuffisantes dans leurs actes ou déclarations, sont admis à les réparer sans être soumis à aucune peine, pourvu qu'ils acquittent les droits simples et les frais dans le délai de trois mois.

Les dispositions du paragraphe premier du présent article sont également applicables aux contraventions aux lois sur le timbre de dimension encourues à raison des actes sous signatures privées qui n'auraient pas été régulièrement timbrés.

Le bénéfice résultant du présent article ne peut être réclamé que pour les contraventions existant au jour de la promulgation de la présente loi.

Art. 18. — A partir du 1er décembre 1871, sont soumis à un droit de timbre de dix centimes :

1o Les quittances ou acquits donnés au pied des factures et mémoires, les quittances pures et simples, reçus ou décharges de sommes, titres valeurs ou objets et généralement tous les titres de quelques natures qu'ils soient, signés ou non signés, qui emporteraient libération, reçu ou décharge ;

2o Les chèques, tels qu'ils sont définis par la loi du 14 juin 1865, dont l'article 7 est et demeure abrogé.

Le droit est dû pour chaque acte, reçu, décharge ou quittance ; il peut être acquitté par l'apposition d'un timbre mobile, à l'exception toutefois du droit sur les chèques, lesquels ne peuvent être remis à celui qui doit en faire usage sans qu'ils aient été préalablement revêtus de l'empreinte du timbre à l'extraordinaire.

Le droit de timbre de dix centimes n'est applicable qu'aux actes faits sous signatures privées et ne contenant pas de dispositions autres que celles spécifiées au présent article.

Art. 19. — Une remise de deux pour cent sur le timbre est accordée, à titre de déchet, à ceux qui feront timbrer préalablement leurs formules de quittances, reçus ou décharges.

Art. 20. — Sont seuls exceptés du droit de timbre de dix centimes :

1o Les acquits inscrits sur les chèques, ainsi que sur les lettres de change, billets à ordre et autres effets de commerce assujettis au droit proportionnel ;

2o Les quittances de dix francs et au-dessous, quand il ne s'agit pas d'un à-compte ou d'une quittance finale sur une plus forte somme ;

3o Les quittances, énumérées en l'article 16 de la loi du 13 brumaire an vii, à l'exception de celles relatives aux traitements et émoluments des fonctionnaires, officiers des armées de terre et de mer, et employés salariés par l'Etat, les départements les communes et tous établissements publics.

4o Les quittances délivrées par les comptables de deniers publics, celles des douanes, des contributions indirectes et des postes qui restent soumises à la légalisation qui leur est spéciale.

Toutes autres dispositions contraires sont abrogées.

Art. 21. — Les avertissements donnés aux termes de la loi du 2 mai 1855, avant toute citation, devront être rédigés par le greffier du juge de paix, sur papier au timbre de dimension de cinquante centimes.

Art. 22. — Les sociétés, compagnies, assureurs, entrepreneurs de transports et tous autres assujettis aux vérifications des agents de l'enregistrement par les lois en vigueur sont tenus de représenter auxdits agents leurs livres, registres, titres, pièces de recette, de dépense et de comptabilité, afin qu'ils s'assurent de l'exécution des lois sur le timbre.

Tout refus de communication sera constaté par procès-verbal et puni d'une amende de cent francs à mille francs.

Art. 23. — Toute contravention aux dispositions de l'article 18 sera punie d'une amende de cinquante francs. L'amende sera due par chaque acte, écrit, quittance, reçu ou décharge, pour lequel le droit de timbre n'aurait pas été acquitté.

Le droit de timbre est à la charge du débiteur; néanmoins, le créancier qui a donné quittance, reçu ou décharge en contravention aux dispositions de l'article 18, est tenu personnellement et sans recours, nonobstant toute stipulation contraire, du montant des droits, frais et amendes.

La contravention sera suffisamment établie par la représentation des pièces non timbrées et annexées aux procès-verbaux que les employés de l'enregistrement, les officiers de police judiciaire, les agents de la force publique, les préposés des douanes, des contributions indirectes et ceux des octrois, sont autorisés à dresser, conformément aux articles 31 et 32 de la loi du 13 brumaire an VII. Il leur est attribué un quart des amendes recouvrées.

Les instances seront instruites et jugées selon

les formes prescrites par l'article 76 de la loi du 28 avril 1816.

Art. 24. — Un règlement d'administration publique déterminera la forme et les conditions d'emploi des timbres mobiles créés en exécution de la présente loi. Toute infraction aux dispositions de ce règlement sera punie d'une amende de vingt francs.

Sont applicables à ces timbres les dispositions de l'article 21 de la loi du 11 juin 1859.

Sont considérés comme non timbrés :

1° Les actes, pièces ou écrits sur lesquels le timbre mobile aurait été apposé sans l'accomplissement des conditions prescrites par le règlement d'administration publique, ou sur lesquels aurait été apposé un timbre qui aurait déjà servi ;

2° Les actes, pièces ou écrits sur lesquels un timbre mobile aurait été apposé en dehors des cas prévus par l'article 18.

Délibéré en séance publique, à Versailles, le 23 août 1871.

Signé : *Le Président,* JULES GRÉVY.

Signé : *Les Secrétaires,* vicomte DE MEAUX, PAUL BETHMONT, PAUL DE RÉMUSAT, N. JOHNSTON.

Le Président du Conseil,
Chef du Pouvoir exécutif de la République
française,

A. THIERS.

Le Ministre des finances,
POUYER-QUERTIER.

DÉCRET

Sur l'emploi des Timbres mobiles pour les quittances.

Le Président de la République française,

Sur le rapport du Ministre des finances ;

Vu les articles 18 et suivants de la loi du 23 août 1871, relatifs au droit de timbre auquel sont assujettis les quittances, acquits, reçus ou décharges de sommes, titres, valeurs ou objets ;

Vu notamment la disposition de l'article 24 ainsi conçue :

« Un règlement d'administration publique déterminera la forme et les conditions d'emploi des timbres mobiles créés en exécution de la présente loi » ;

La commission provisoire chargée de remplacer le conseil d'Etat entendue ;

Décrète :

Art. 1er. — Il est établi, pour l'exécution de l'article 18 de la loi sus-visée, un timbre mobile à 10 centimes conforme au modèle annexé au présent décret.

L'administration de l'enregistrement, des domaines et du timbre fera déposer au greffe des cours et tribunaux des spécimens de ce timbre mobile. Le dépôt sera constaté par un procès-verbal dressé sans frais.

Art. 2. — Ce timbre mobile est apposé sur les quittances ou acquits donnés au pied des factures et mémoires, les quittances pures et simples, les reçus ou décharges de sommes, titres, valeurs ou objets, et généralement sur tous les titres, de quelque nature qu'ils soient, signés ou non signés et qui emporteraient libération, reçu ou décharge.

Ce timbre est collé et immédiatement oblitéré par l'apposition, *à l'encre noire*, en travers du timbre, de la signature du créancier ou de celui qui donne reçu ou décharge ainsi que de la date de l'oblitération.

Cette signature peut être remplacée par une griffe, apposée à *l'encre grasse*, faisant connaître la résidence, le nom ou la raison sociale du créancier et la date de l'oblitération du timbre.

Art. 3. — Les ordonnances, taxes, exécutoires et généralement tous mandats payables sur les caisses publiques, les bordereaux, quittances, reçus ou autres pièces, peuvent être revêtus du timbre à 10 centimes par les agents chargés du paiement. Le timbre est oblitéré au moyen d'une griffe par ces agents, qui demeurent responsables des contraventions commises à raison des pièces acquittées à leur caisse.

Les sociétés et compagnies, assureurs, entrepreneurs de transport et tous autres assujettis aux vérifications des agents de l'enregistrement par l'article 22 de la loi du 23 août 1871 et par les lois antérieures, peuvent, également sous leur responsabilité, user de la même faculté, en ce qui concerne les actions, obligations, dividendes et intérêts payables au porteur, les rentes sur l'étranger ainsi que toutes autres pièces de dépenses, états de solde et d'émargement.

Art. 4. — Les sociétés, compagnies et particuliers qui, pour s'affranchir de l'obligation d'apposer et d'oblitérer les timbres mobiles, veulent soumettre au timbre à l'extraordinaire des formules imprimées, pour quittances, reçus ou décharges, sont tenus de déposer ces formules et d'acquitter les droits (sauf la remise de 2 p. 100 accordée à titre de déchet) au bureau de l'enregistrement de leur résidence ou à celui qui sera désigné par l'administration, s'il existe plusieurs bureaux dans la même ville.

Art. 5. — Les formules d'états de solde ou de paiement, dits états d'émargement, les registres de factage ou de camionnage et les autres documents pour lesquels il est dû un droit de timbre, par chaque paiement excédant 10 fr. ou par chaque objet reçu ou déposé, ne peuvent être timbrés à l'extraordinaire qu'autant que le droit à percevoir, par chaque page, correspondra à l'une des quotités des timbres de dimension en usage (actuellement 0 fr. 60 ; 1 fr. 20 ; 1 fr. 80 ; 2 fr. 40 et 3 fr. 60).

Art. 6. — Les billets de place délivrés par les compagnies et entrepreneurs, et dont le prix excède 10 fr. peuvent, si la demande en est faite, n'être revêtus d'aucun timbre ; mais ces compagnies et entrepreneurs sont tenus de se conformer au mode de justification et aux époques de paiement déterminés par l'administration.

Art. 7. — Le ministre des finances est chargé de l'exécution du présent décret.

Fait à Versailles, le 27 novembre 1871.

A. THIERS.

LOI DU 23 AOUT 1871

SUR L'ENREGISTREMENT ET LE TIMBRE

Commentaire pratique des dispositions relatives aux baux et au timbre des quittances, reçus ou décharges et à celui des chèques.

La loi sur l'enregistrement et le timbre, votée par l'Assemblée nationale le 25 août 1871, et promulguée le 25 du même mois, ayant modifié sur divers points la législation antérieure, nous croyons utile de livrer à la publicité un commentaire pratique de quelques-unes de ses dispositions qui intéressent toutes les classes de la société sans exception.

Ces dispositions sont celles relatives à l'enregistrement des baux (art. 11 et 14), au timbre des quittances, reçus ou décharges faits sous signatures privées, et à celui des chèques (art. 18, 19, 20, 23 et 24).

BAUX

1. Délai pour l'enregistrement ou la déclaration. — 2. Indication des bureaux ou la formalité doit être requise.— 3. Indication de celui du bailleur ou du preneur qui doit requérir la formalité ou souscrire la déclaration. — 4. Locataire principal ou sous-locataire. — 5. Fondé de pouvoir. — 6. Forme de la déclaration. — 7. Exceptions à l'obligation de déclarer les locations verbales. — 8. Nature et quotité du droit exigible sur les baux écrits ou verbaux. Assiette de ce droit — 9. Mode de paiement du droit. Fractionnement de la perception. — 10. Réquisition de fractionnement. — 11. Quittances. Nécessité de les conserver avec soin. — 12. Résiliation du bail. — Déclaration à faire. — 13. Insuffisance de l'évaluation du prix et des charges. — Peine. — 14. Retard dans l'enregistrement ou la déclaration. — Peine contre le bailleur et le preneur. — 15. Le propriétaire ou le bailleur peut s'affranchir de l'amende. — 16. Cas où le locataire ne peut encourir d'amende. — 17. Dispositions transitoires. — 18. Baux anciens. — 19. Baux dont le délai pour l'enregistrement est échu depuis le 25 août ou doit échoir avant le 31 décembre 1871.

Pour avoir aujourd'hui un code complet de la matière, il suffit d'ajouter aux dispositions de l'art. 11, 1º que les baux faits sous signatures privées doivent aux termes de l'art. 22 de la loi du 22 frimaire an VII, être enregistrés dans les trois mois de leur *date*; 2º que les baux constatés par acte passé devant notaire doivent être assujettis à la formalité dans le délai fixé pour les actes de ces officiers publics.

La sanction de ces diverses prescriptions se trouve dans le 4e alinéa de l'art. 11 et dans l'art. 14.

Nous ne nous occuperons que des baux sous-signatures privées ou verbaux, les contribuables n'ayant qu'à s'en rapporter à leurs notaires pour les baux qu'ils les chargent de constater en la forme authentique.

1. *Délai pour l'enregistrement ou la déclaration.* — Ainsi que cela vient d'être dit, les baux faits sous signatures privées, qui doivent être écrits sur papier timbré de dimension, sont assujettis à l'enregistrement dans un délai de trois mois *à partir de leur date.*

Quant aux baux purement verbaux, ils doivent être déclarés dans les trois mois, non à partir du jour où la convention a été arrêtée entre le propriétaire et le locataire ou fermier, mais *à dater du jour de l'entrée en jouissance* de ce dernier.

2. *Indication des bureaux ou la formalité doit être requise.* — Les baux sous signatures privées ne peuvent être formalisés que dans un bureau de l'enregistrement. Il n'en est pas de même des déclarations de locations verbales ; une décision du ministre des finances a autorisé les percepteurs des contributions directes à les recevoir dans toutes les communes où il n'existe pas de bureau de l'enregistrement, mais seulement dans le cas où la liquidation des droits ne peut présenter de difficultés, et que d'ailleurs le délai de 3 mois, à dater de l'entrée en jouissance, ne se trouve pas expiré.

3. *Indication de celui du bailleur ou du preneur qui doit requérir la formalité ou souscrire la déclaration.* — Les baux écrits doivent, à moins de stipulation expresse entre les parties, être présentés à l'enregistrement par le preneur ou locataire.

Pour les baux verbaux il y a lieu de distinguer :

Io Si le prix du bail n'excède pas 300 fr. annuellement, la déclaration doit être souscrite par le propriétaire ou bailleur, le mot bailleur étant pris dans son sens général et s'appliquant tant au propriétaire qu'au locataire principal qui sous-loue une partie de l'immeuble par lui affermé.

Dans ce cas le locataire est dispensé de toute déclaration.

IIo Si le prix du bail excède 300 fr. annuellement, la déclaration doit être souscrite par le locataire ou preneur, ce mot étant pris dans son sens général comme celui de bailleur et s'appliquant par conséquent au locataire principal comme au sous-locataire.

Par prix annuel il faut entendre non-seulement celui qui serait convenu pour une année entière, mais encore la réunion des divers termes qui composent l'année.

4. *Locataire principal et sous-locataire.* — Dans le cas de location d'un immeuble à un locataire principal qui sous-loue à des tiers, chacune des sous-locations, comme la location principale, est assujettie à l'enregistrement ou à la déclaration pour le prix qui lui est propre. — Pour savoir à qui incombe le soin de faire la déclaration il suffit de se reporter au paragraphe qui précède.

5. *Fondé de pouvoir.* — Les personnes qui ont à souscrire des déclarations de locations verbales peuvent se faire représenter par un fondé de pouvoir spécial.

Une seule procuration suffit pour toutes les déclarations à souscrire dans un même bureau.

Elle doit être écrite sur papier timbré à 60 cent , mais elle est dispensée de l'enregistrement ; il n'est pas même besoin de la faire légaliser. Elle est conservée par l'agent qui reçoit la déclaration, après avoir été certifiée par le mandataire.

6. *Forme de la déclaration.* — Les déclarations sont rédigées sur des formules imprimées, qui sont tenues à la disposition des contribuables par les receveurs de l'enregistrement et les percepteurs des contributions directes.

D'après ces formules, les renseignements qu'elles doivent contenir sont :

1º les nom, prénoms et domicile du propriétaire ou bailleur,

2º Les nom, prénoms et domicile du locataire ou fermier,

3º La désignation *détaillée* des immeubles loués,

4º La date de l'entrée en jouissance,

5º La durée du bail ou l'indication qu'il est fait, selon l'usage des lieux,

6º Le prix annuel du bail,

7º Le montant des charges accessoires.

Ces divers renseignements paraissent nécessiter quelques explications.

En ce qui concerne ceux qui font l'objet des numéros 1 et 2 il importe, pour éviter des réclamations et des difficultés de la part de l'Administration, d'indiquer *avec la plus grande exactitude* les nom, prénoms et domicile du propriétaire ou bailleur, ainsi que du locataire ou fermier et de faire connaître si le premier est propriétaire de l'immeuble ou simplement locataire principal.

Pour la désignation détaillée de l'immeuble, il convient : 1º S'il s'agit d'une maison ou d'un appartement, d'indiquer la rue, le numéro et l'étage ;

2o S'il s'agit d'immeubles ruraux, la contenance et le lieu dit d'après le cadastre, et cela pour chaque parcelle, à moins que l'immeuble ne forme une ferme d'un seul gazon.

Si la feuille fournie par l'administration ne présente pas un espace suffisant pour le détail des biens de cette nature, il y a lieu d'ajouter une feuille supplémentaire. On éviterait toute erreur en annexant à la déclaration, pour tenir lieu de cette désignation, un extrait certifié de la matrice cadastrale.

Le renseignement relatif à la date de l'entrée en jouissance ne peut jamais présenter la moindre difficulté.

Il en est de même de l'indication de la durée, si le bail est fait pour un temps parfaitement déterminé.

Mais si le bail est fait selon l'usage des lieux, comme cela arrive dans la plupart des cas pour les baux des petits appartements, il importe de l'indiquer avec le plus grand soin et de faire connaître s'il est fait au mois, au trimestre, au semestre ou à l'année.

Cette indication doit, en effet, servir à déterminer le montant du droit et les époques d'exigibilité, ainsi que nous aurons l'occasion de l'expliquer.

De même que la date de l'entrée en jouissance et la durée déterminée, l'indication du prix annuel du bail ne présente pas de difficulté.

Nous arrivons donc au septième article. Sous ce titre, le déclarant doit faire connaître toutes les charges qui sont imposées au locataire, telles que la contribution foncière, le paiement des primes d'assurance contre l'incendie de l'immeuble loué, des réparations autres que les réparations locatives, etc... L'impôt des portes et fenêtres n'est pas susceptible d'être déclaré.

Ces diverses charges doivent être non-seulement déclarées, mais évaluées. Pour la contribution foncière le déclarant doit produire un extrait certifié du rôle.

Il n'y a plus, pour compléter ce qui a trait à la forme de la déclaration, qu'à ajouter : que chaque location doit faire l'objet d'une déclaration distincte, sauf toutefois ce qui va être dit au paragraphe suivant, et que toutes les indications doivent être données, non en chiffres, mais en toutes lettres.

7. *Exceptions à l'obligation de déclarer les locations verbales.* — Toutes les locations verbales devraient être déclarées si l'alinéa 5 de l'article 11 n'avait créé une exception en faveur des locations *ne dépassant pas trois ans et dont le prix annuel n'excède pas* 100 *fr.* Mais cette exception n'est pas générale, si la même personne a consenti plusieurs locations de cette catégorie dont les prix ajoutés l'un à l'autre excèdent 100 fr. annuellement, elle est *personnellement* obligée d'en faire la déclaration.

Dans ce cas, et c'est l'exception annoncée au dernier alinéa du paragraphe précédent, le propriétaire peut faire une déclaration collective *mais détaillée* pour toutes ces locations et exiger qu'il ne lui soit délivré qu'une seule quittance.

Sont également dispensés de la déclaration, comme ne constituant pas des baux d'immeubles dans le sens légal du mot, d'après le rapport de la Commission de l'Assemblée nationale (*Journal offi-*

ciel du 12 août 1871), les baux à colonage ou à moitié fruits.

Il en est de même du bail des appartements meublés, les personnes qui les habitent ne sont pas, aux yeux de la loi, des locataires; celui qui loue en garni est considéré comme ayant toujours la jouissance de ces appartements, en sorte que si c'est le propriétaire lui-même il ne saurait y avoir lieu à déclaration. — Il en serait autrement si la maison était louée, meublée ou non, à une personne qui voudrait y exercer la profession de logeur. La déclaration serait obligatoire ; seulement, si la maison était louée meublée, le locataire ferait sa déclaration sur le prix afférent à la valeur de l'immeuble nu et non pas sur le prix total comprenant celui de la location des objets mobiliers (explications de M. Mathieu-Bodet, rapporteur de la Commission. (Séance du 22 août 1871, *Journal officiel* du 23).

Ce serait à tort que l'on considérerait comme exemptées de l'impôt les locations faites à titre gratuit, par exemple la jouissance accordée par un père à ses enfants, sans payement de loyer, d'un appartement dans sa maison.

L'article 11 soumettant à l'impôt toute mutation de jouissance de biens immeubles, ces concessions, qui sont, d'ailleurs, cotisées à la contribution mobilière, sont passibles d'un droit, suivant la déclaration qui doit en être faite.

8. *Nature et quotité du droit exigible sur les baux écrits ou verbaux. Assiette de ce droit.* — Les baux écrits ou verbaux sont indistinctement assujettis à un droit proportionnel de 20 centimes par 0/0.

Ce droit est liquidé sur le prix cumulé du bail,

augmenté des charges imposées au preneur ou locataire. Il est perçu en sus deux décimes de ce droit.

Enfin, si le bail est écrit, la quittance est mise sur l'acte même, s'il est verbal, il est délivré une quittance à souche qui est assujettie au timbre de 25 cent. lorsque le montant du droit acquitté est supérieur à 10 fr.

Un exemple fera mieux comprendre le mode de liquidation.

Soit un bail fait pour 3 ans moyennant un loyer annuel de........................... 900 fr.

Et diverses charges évaluées à..... 100 »

Le prix annuel est de... .... 1,000 »

Le prix cumulé pour les trois années de............................... 3,000 »

Il est dû à 20 cent. p. 0/0 .... 6 »

Plus deux décimes .... { 0 60 \
0 60

Total.......... 7 20

Et il n'est rien dû pour la quittance, le droit n'excédant pas dix francs.

Indépendamment du droit de 20 cent. 0/0, sur le prix cumulé du bail augmenté des charges annuelles, il peut être dû un second droit proportionnel de 10 cent. 0/0 dans le cas où une caution a été exigée du locataire.

Enfin le droit exigible sur un bail, soit verbal, soit écrit ne peut être inférieur à 25 cent., non compris les 2 décimes.

Ce minimum est dû pour chaque location, sauf pour les locations verbales d'une durée de moins de 3 ans et d'un prix annuel n'excédant pas 100 fr. qui, ainsi que cela a été dit au § 7, ne donnent lieu qu'à une déclaration collective et à la délivrance d'une seule quittance. Le minimum de 25 cent. n'est exigé, *pour l'ensemble des déclarations*, que dans le seul cas où le droit annuel de 20 cent. 0/0 dû sur chacune d'elles n'arriverait pas à ce chiffre en principal.

9. *Mode de paiement du droit. Fractionnement de la perception.* — L'impôt dont nous traitons ne saurait, comme on le voit, être plus minime puisqu'il ne s'élève qu'à 2 fr. 40 par an pour un loyer de 1,000 fr., et à 3 fr. 60 dans le cas très-rare de cautionnement.

Malgré cela, la loi donne au contribuable de grandes facilités pour sa libération en fractionnant la perception du droit.

Sous l'empire des lois des 22 frimaire an VII et 16 juin 1824, le droit d'enregistrement des baux écrits, qui seuls étaient soumis à l'impôt, était liquidé sur le prix cumulé, comme il vient d'être expliqué, et perçu en entier au moment de l'enregistrement, les baux à périodes, par exemple, ceux faits pour 3, 6 ou 9 ans, étant considérés comme faits pour la totalité du temps. Il arrivait donc que l'impôt était acquitté assez souvent sur des périodes qui ne recevaient pas leur exécution par suite de résiliation.

L'art. 11 de la nouvelle loi abroge cette disposition. Le droit pour les baux écrits et pour les baux verbaux dont la durée est déterminée est en règle générale exigible au moment de l'enregistrement ou de la déclaration. « Toutefois, porte le 7e alinéa, « si le bail est de plus de trois ans et *si les parties* « *le requièrent*, le montant du droit pourra être « fractionné en autant de paiements égaux qu'il y

« aura de périodes triennales dans la durée du
« bail. Le paiement des droits afférents à la pre-
« mière période sera seul acquitté lors de l'enre-
« gistrement ou de la déclaration, et celui des pé-
« riodes subséquentes aura lieu dans le premier
« mois de l'année qui commencera chaque pé-
« riode. »

Il résulte du rapport de la commission que si le nombre des années n'est pas exactement divisible par trois, le dernier paiement se composera des droits afférents aux années qui ne formeraient pas une période triennale entière.

Il est même reconnu que le fractionnement peut être requis pour des baux écrits faits au mois, au trimestre, au semestre ou à l'année pour une durée indéterminée. Ces baux devant être considérés comme faits suivant l'usage des lieux. Dans ce cas, le droit annuel est exigible soit par douzièmes, soit par quarts, par demi, ou en une seule fois si le bail est fait à l'année, ainsi que cela va être dit.

La perception du droit de cautionnement, dans le cas où le bailleur a dû fournir une caution, est susceptible d'être fractionnée comme celle du droit sur le bail même.

10. *Réquisition de fractionnement.* — Le frac-tionnement de la perception ne devant avoir lieu que sur la réquisition formelle de la partie, il im-porte, en présence du silence de la loi, de faire connaître comment cette réquisition doit être faite.

S'il s'agit d'un bail notarié, la réquisition doit être faite, soit dans l'acte même, soit en marge.

S'il s'agit d'un bail fait par acte sous signatures privées, elle doit être constatée sur une formule de déclaration de location verbale.

Enfin, si le bail est verbal, il suffira d'ajouter dans la déclaration à la mention : « Certifié sin-« cère et véritable, sous les peines de droit, par le « (propriétaire ou bailleur, locataire ou fermier) « soussigné » les mots « *qui requiert le fraction-nement de la perception.* »

Pour les baux verbaux faits suivant l'usage des lieux, c'est-à-dire au mois, au trimestre, au semestre ou à l'année, le droit annuel est divisé en fractions correspondantes aux termes du bail. — La première fraction, le quart du droit annuel, par exemple, s'il s'agit d'un bail fait au trimestre, est seule acquittée au moment de la déclaration, mais le contribuable est tenu à un paiement semblable dans les 20 jours qni suivent l'échéance de chaque terme du bail.

Il doit se présenter au bureau de l'enregistrement sans attendre qu'un avertissement lui soit adressé, et son obligation existe jusqu'au jour où il a déclaré que le bail a cessé.

11. *Quittances. Nécessité de les conserver avec soin.* — A chaque paiement, une quittance, extraite d'un registre à souche, s'il s'agit d'un bail verbal ou du paiement du droit afférent à une période autre que la première, mise sur l'acte même, s'il s'agit d'un bail écrit, est délivrée au contribuable.

S'il importe de conserver avec soin les quittances que l'on reçoit, la nécessité en est encore bien plus grande dans l'espèce.

En effet, à chaque paiement que le contribuable aura à effectuer, le receveur devra rechercher d'abord la déclaration du bail verbal ou l'enregistrement du bail écrit. Il est facile de comprendre combien cette recherche, qui occasionnerait le plus souvent une grande perte de temps au receveur et à la partie, sera abrégée par la représentation d'une des quittances précédentes qui contiendra tous les renseignements nécessaires à la perception immédiate et sans recherche du droit échu.

Une quittance est délivrée pour chaque acte ou déclaration, sauf ce qui a été dit § 7 pour les déclarations collectives de baux d'une durée de moins de 3 ans et d'un prix n'excédant pas 100 fr.

12. *Résiliation du bail. Déclaration à faire.* — Dans le cas de fractionnement du droit exigible sur un bail écrit ou sur un bail verbal à durée déterminée, faits l'un et l'autre pour plus de trois ans, le preneur est tenu d'acquitter le droit afférent à chaque période dans le premier mois de cette période, et cette obligation subsiste pendant toute la durée du bail à moins qu'il n'ait été résilié, de même que pour les baux faits suivant l'usage des lieux, la fraction du droit annuel correspondante à chaque terme doit être acquittée, jusqu'à ce que le bail ait cessé, dans les 20 premiers jours de chaque terme.

Il y a donc lieu de déclarer à l'administration la résiliation des baux qui ont été enregistrés ou déclarés.

Cette déclaration doit être faite au bureau de l'enregistrement, elle est rédigée et signée par le déclarant à la suite de la déclaration de location.

De même que pour le paiement d'une période, la partie devra se munir d'une des quittances qui lui auront été délivrées antérieurement, elle facilitera ainsi la recherche de la déclaration de location et s'évitera par suite toute perte de temps.

Inutile de faire observer que cette déclaration

doit être souscrite sans retard, le droit pouvant, par suite d'un oubli, devenir exigible pour la période suivante.

SANCTION DE L'ARTICLE II

Bien qu'il soit certain que tous les contribuables se conformeront à la loi, le législateur a dû cependant édicter des sanctions pénales.

13. *Insuffisance d'évaluation du prix et des charges. — Peine.* — L'alinéa 4 de ce même article prévoit le cas où la déclaration du prix serait insuffisante, c'est-à-dire inférieure au prix réel, il ordonne qu'il soit fait application des art. 19 et 39 de la loi du 22 frimaire an VII.

Le premier de ces articles autorise l'administration à requérir l'expertise judiciaire de la valeur locative de l'immeuble loué, ou à poursuivre par voie de contrainte le redressement des insuffisances constatées par le rapprochement d'actes émanés des parties et faisant connaître la véritable valeur locative.

Le deuxième punit d'un double droit les insuffisances constatées et met les frais à la charge de la partie, lorsque cette insuffisance n'a pas été reconnue volontairement par elle sur l'avertissement administratif qui précède toujours les poursuites.

14. *Retard dans l'enregistrement ou la déclaration.—Peine contre le bailleur et le preneur.—*Aux termes de l'art. 14, lorsqu'un bail n'a pas été enregistré ou une déclaration souscrite dans le délai fixé, le bailleur et le preneur sont passibles, pour

ce retard, indépendamment du droit simple, et chacun d'eux personnellement, malgré toutes les stipulations qu'ils auraient pu faire, d'un droit en sus *qui ne peut être inférieur à 50 fr. en principal*, soit actuellement, avec les deux décimes, 60 fr.

Ainsi, par exemple, pour un bail fait pour un an moyennant un loyer annuel de 1,000 fr., assujetti à un droit de 2 fr. 40 en principal et décimes, il est dû en sus, s'il n'est pas enregistré ou déclaré dans le délai de 3 mois, par le bailleur 60 fr., par le preneur 60 fr., soit au total 122 fr. 40 au lieu de 2 fr. 40.

Si le prix du bail est supérieur à 60 fr. en principal et décimes, s'il s'élève, par exemple, à 72 fr., il est dû, en outre, par le preneur, 72 fr. et par le bailleur 72 fr., soit au total 216 fr.

16. *Le propriétaire ou le bailleur peut s'affranchir de l'amende.* — Mais l'obligation de l'enregistrement ou de la déclaration étant dans certains cas imposée au preneur ou locataire seul, il eût été rigoureux d'infliger une amende au bailleur sans lui donner en même temps le moyen de l'éviter légalement.

C'est à cette objection que répond le § 2 de l'art. 14. D'après cette disposition, le propriétaire ou bailleur peut s'affranchir du droit en sus qui lui est personnellement imposé, *ainsi que du versement immédiat du droit simple*, en déposant, dans un bureau d'enregistrement, l'acte constatant le bail, ou en faisant la déclaration prescrite par l'art. 11, si le bail est verbal.

Le dépôt de la déclaration ou du bail sera constaté par un récépissé remis au déposant, et l'acte sous seing-privé lui sera remis après le paiement du droit que l'administration poursuivra contre le locataire. Il est fait observer cependant que le dépôt ainsi effectué, s'il dispense d'une manière définitive le bailleur de l'amende prononcée contre lui personnellement, ne le dispense, quant au droit simple de 20 c. p. 0/0, que de son versement immédiat ; il reste toujours tenu de l'acquitter si l'administration ne peut le recouvrer sur le bailleur, et cela, par application de la solidarité qui existe entre eux, en vertu des art. 29 de la loi du 22 frimaire an vii et 14 de la nouvelle loi.

En outre, pour que le dépôt produise cet effet, il faut qu'il soit effectué dans le délai fixé par la loi, c'est-à-dire dans le courant du mois qui suit l'expiration des trois mois accordés au preneur. Le bailleur peut cependant, s'il le juge nécessaire, ne pas attendre l'expiration du délai de trois mois pour le dépôt de l'acte ou de la déclaration.

En résumé, à l'expiration du troisième mois, à dater de la signature de l'acte ou de l'entrée en jouissance, le propriétaire ou locataire principal devra demander à son locataire de lui justifier du paiement de l'impôt par la représentation de la quittance, et, dans le cas où cette justification ne lui serait pas fournie, effectuer le dépôt dont il vient d'être parlé.

17. *Cas où le locataire ne peut encourir d'amende.* — Lorsque la déclaration est imposée au propriétaire, c'est-à-dire pour les baux verbaux dont le prix et les charges réunis n'excèdent pas 300 fr. annuellement, le locataire n'étant soumis à aucune obligation ne peut jamais encourir d'amende.

Un quatrième mois n'est pas dans ce cas accordé au propriétaire; il doit faire la déclaration dans les trois mois de l'entrée en jouissance sous peine du droit en sus ou de l'amende minimum de 60 fr.

17. *Dispositions transitoires.* — Les articles 11 et 14 n'ayant pas d'effet rétroactif, tout ce qui précéde ne s'applique qu'aux baux écrits d une date postérieure au 25 août 1871, jour où la loi a été promulguée, et aux baux verbaux, en cours d'exécution, ou qui ont commencé à courir le 1er octobre 1871, date de la mise en vigueur de la loi.

Des dispositions transitoires étaient dès lors nécessaires en ce qui concerne les baux écrits antérieurs à la promulgation. Ces dispositions ont fait l'objet de l'art. 17, qui accorde un délai de trois mois pour faire enregistrer, sans droit en sus ni amendes, *tous* les actes sous signatures privées qui n'avaient pas été soumis à la formalité à la date du 25 août, en contravention aux lois sur l'enregistrement.

L'amnistie était à peu près générale, mais nous n'avons à nous en occuper qu'en ce qui concerne les baux, attendu que le délai qui expirait le 25 novembre n'a été prorogé au 31 décembre 1871 que pour les actes de cette nature (arrêté ministériel du 21 novembre 1871).

18. *Baux anciens.* — D'après cet article, les baux, *qui avaient plus de trois mois de date au 25 août* 1871, peuvent non-seulement être enregistrés sans amende *jusqu'au 31 décembre*, mais encore le droit simple n'est exigible que sur le temps restant à courir du 25 août 1871 à l'ex-

piration du bail, remise étant accordée du droit simple exigible sur le temps couru de l'entrée en jouissance au 24 août.

Mais il faut bien le remarquer, le deuxième alinéa de l'art. 17 ne concerne que les baux anciens, dont l'enregistrement sera requis *avant* le 1er janvier 1872. A partir de cette date, l'impôt sera calculé en prenant pour point de départ l'entrée en jouissance, remontât-elle à dix ans, et les droits en sus redeviendront exigibles.

Il a été reconnu, en outre, que le fractionnement de la perception était applicable à ces baux ; que, s'il y a plusieurs périodes à échoir, le droit peut n'être perçu que pour le temps restant à courir de la période commencée avant le 25 août, ce temps fût-il même inférieur à trois ans ;

Que le délai supplémentaire d'un mois accordé au bailleur pour s'exempter de l'amende et du versement immédiat du droit en déposant son acte, leur est applicable.

Enfin, l'art. 17, accordant remise de l'amende encourue pour ceux de ces actes écrits sur papier non timbré, il a été décidé que le bailleur, qui déposerait l'acte, n'était pas tenu au paiement immédiat de cette amende dont le recouvrement serait poursuivi contre le locataire en même temps que celui des droits et amendes d'enregistrement.

19. *Baux dont le délai pour l'enregistrement est échu depuis le 25 août ou doit échoir avant le 31 décembre 1871.* — L'art. 17 ne statuant que sur les baux dont le délai pour l'enregistrement était expiré avant le 25 août, les baux, dont le délai est échu depuis ou doit échoir avant le 31 décembre, auraient dû être enregistrés dans les

trois mois de leur date sous les peines édictées par l'art. 14.

Mais comme la diversité des échéances avait pu causer des erreurs et faire commettre des contraventions involontaires, les receveurs de l'enregistrement sont autorisés, par application du droit de grâce, à ne percevoir sur ces baux jusqu'au 31 décembre ni droit en sus, ni amende de timbre.

Ils sont, en un mot, assimilés aux baux anciens, avec cette seule différence que le droit simple doit être calculé à partir de l'entrée en jouissance du locataire, qu'elle soit antérieure ou postérieure au 25 août.

Tous les baux, écrits ou verbaux dont la date ou l'entrée en jouissance n'est pas postérieure au 1er octobre, doivent donc être enregistrés avant le 1er janvier 1872.

QUITTANCES, REÇUS ET DÉCHARGES

1. La disposition est applicable à tous les actes libératoires. — 2. Exemptions. — 3. Actes ou titres libératoires auxquels l'art. 18 est applicable. — 4. Principales modifications que l'art. 18 apporte aux lois antérieures. — 5. Le droit est à la charge du débiteur. — 6. Le droit ne peut être à la charge de l'Etat. — 7. La délivrance de la quittance n'est pas d'ailleurs obligatoire entre particuliers. — 8. Modes de payement du droit. — 9. Apposition de timbres mobiles. — 10. Apposition du timbre à l'extraordinaire. — 11. Disposition spéciale au timbrage à l'extraordinaire des états d'émargements, des registres de factage, etc. — 12. Mode spécial du payement du droit pour les billets de place. — 13. Obligation des Sociétés, Compagnies, etc. — 14. Sanction de la loi. — 15. Facilités données par la loi pour la répression des contraventions de l'art. 18. — 16. La taxe est spéciale aux factures acquittées, aux quittances pures et simples.

1. — La disposition est applicable à tous les actes libératoires.

La nouvelle taxe sur les quittances, reçus et décharges, constitue plutôt un droit spécial, perçu, sous forme de timbre, sur chaque acte libératoire *fait sous signature privée,* qu'un véritable droit de timbre, puisque ainsi que nous aurons l'occasion de le faire connaître il est dû même pour les quittances données à la suite de titres dûment timbrés.

L'art. 18 est conçu dans les termes les plus généraux de manière à embrasser tous les écrits libératoires possibles. Aussi la loi a-t-elle par ce motif réduit le droit à 10 c.

La disposition est générale, cependant nous devons nous empresser d'ajouter que l'art. 20 a établi ou confirmé quelques exemptions.

Ces exemptions étant très-rares nous allons les

faire connaître, avant d'arriver à l'énumération des principaux actes ou titres assujettis à la nouvelle taxe.

2. — Exemptions.

Sont seuls exemptés :

1o Les acquits inscrits sur les chèques, lettres de change, billets à ordre et autres effets de commerce assujettis au timbre proportionnel ;

2o Les quittances de 10 fr. et au-dessous, *quand il ne s'agit pas d'un à-compte ou d'une quittance finale sur une plus forte somme ;*

3o Les récépissés délivrés aux Receveurs de deniers publics du montant de leurs recettes ;

4o Les quittances des contributions directes ;

5o Les quittances de droits d'enregistrement lorsqu'elles sont mises à la suite des actes ;

6o Celles de toutes autres contributions qui se délivrent sur feuilles particulières et qui n'excèdent pas 10 fr. ;

7o Les quittances de secours payés aux indigents et des indemnités pour incendies, inondations et autres cas fortuits ;

8o Les quittances pour prêt et fournitures concernant les gens de guerre ;

9o Les quittances délivrées par les comptables de deniers publics, celles des douanes, des contributions indirectes et des postes qui restent soumises à la législation qui leur est spéciale (timbre de 25 c.);

Et 10e Les quittances d'arrérages de rentes sur l'Etat, non comprises dans l'énumération de l'art. 20, mais auxquelles l'exemption a été reconnue applicable par une décision du ministre des finances du 27 novembre 1871 (*journal officiel* du même jour.)

3. — Actes ou titres libératoires auxquels l'art. 18 est applicable.

Les quittances énumérées ci-dessus sont les seuls écrits libératoires non assujettis à la taxe de 10 c. Tous autres écrits portant quittance, reçu, décharge y sont soumis *qu'ils soient ou non signés* par celui qui donne la quittance ou la décharge.

En soumettant à l'impôt les écrits *signés ou non signés*, la loi a voulu « empêcher qu'on ne par-
« vienne à éluder ses dispositions, au moyen de
« conventions ou déclarations faites à l'avance, ou
« de tout autre signe conventionnel qui remplace-
« raient les quittances, bien que la signature des
« créanciers ne fût pas apposée sur le titre. » (Rapport de la commission de l'Assemblée nationale. *Journal officiel* du 12 août, page 2646, 1re colonne.)

L'art. 18 s'applique donc à toute pièce pouvant être produite en justice pour y constater un paiement supérieur à 10 fr. ou la réception de valeurs ou objets quelconques, notamment :

1º Aux factures *acquittées excédant* 10 *fr.* délivrées par les négociants ou le commerce de détail.

Il convient de faire remarquer qu'il ne faudrait pas croire que l'on peut éluder la loi en acquittant une facture par à-comptes inférieurs à 10 fr. et en délivrant autant de reçus. En agissant ainsi on n'obtiendrait d'autre résultat que de rendre exigibles autant de droits à 10 c. qu'il serait délivré de reçus partiels, attendu en effet que l'art. 20 n'exempte du droit les quittances au-dessous de 10 fr. que lorsqu'elles n'ont pas pour objet un à-compte ou un paiement final sur créance excédant cette somme, et que d'après la loi le droit est dû *pour chaque reçu* et non pour le premier paiement seul, les quittances subséquentes pouvant être écrites à la suite de la première. (Rapport de la commission et rejet d'un amendement de M. Pagès-Duport. Séance du 22. *Journal officiel* du 23 page 2898, 2e colonne.)

2o Aux quittances ou bordereaux concernant le paiement des pensions, des ordonnances, des exécutoires, des taxes à témoins et autres, des mandats de toute nature payables sur les caisses publiques, ainsi qu'aux dividendes et intérêts payés par les compagnies ;

3o Aux billets de place (théâtres, concerts, chemins de fer, etc.) et bulletins de bagages, ayant donné lieu à une perception supérieure à 10 fr.

4o Aux reçus des objets transportés et livrés dont il est donné décharge (Registres de factage, de camionnage, livraison, etc.) *quel que soit le prix du transport et la valeur de l'objet;*

5o Aux émargements donnés pour acquit de leur solde ou salaire, par les fonctionnaires, officiers des armées de terre et de mer, et employés salariés par l'Etat, les départements, les communes, les établissements publics, les compagnies et les particuliers pour des sommes excédant 10 fr. ;

6° Aux quittances de loyers, d'honoraires, de bordereaux de négociation d'agents de change, courtiers, etc. ;

7o Aux quittances des cotisations et abonnements des sociétaires et abonnés des cercles et cabinets de lecture, et à celles des cotisations des membres des sociétés littéraires, agricoles, etc. ;

8o Aux reçus des titres, valeurs ou objets négociés et vendus.

4. — Principales modifications que l'art. 18 apporte aux lois antérieures.

Sous l'empire des lois antérieures, le plus grand nombre des pièces énumérées ci-dessus étaient déjà soumises au droit de timbre, mais ce droit qui n'est plus aujourd'hui que de 10 cent. était de 50 cent.

La loi n'était généralement observée que pour les mandats présentés aux caisses de l'Etat et les quittances délivrées à ses agents, ou pour les pièces destinées à être jointes à la comptabilité des départements, des communes et des établissements publics. En outre, une partie de ces pièces étaient assujetties au timbre alors que d'autres en étaient exemptes, distinctions qui étaient cause de nombreuses contraventions.

Avec la loi actuelle plus d'erreur possible, tous les mandats pour créances ou dépenses supérieures à 10 fr., acquittés aux caisses de l'Etat, des communes ou des établissements publics devront être revêtus du timbre de 10 cent., qu'ils aient pour objet des travaux, des fournitures, des traitements ou salaires, des remboursements (quelque soit le titre et la nature de la créance), des gratifications, etc.; sauf les quelques exceptions dont la liste complète fait l'objet du § 2.

En vertu de l'art. 23 de la loi du 13 brumaire an VII, certaines quittances pouvaient être mises, sans paiement d'un second droit de timbre, à la suite du titre dûment timbré de l'obligation.

Cette disposition se trouve abrogée par la loi nouvelle; le remboursement d'une obligation, le paiement d'un prix de vente, l'acquit d'un mémoire de travaux dûment timbré, ne peuvent plus être écrits à la suite de l'obligation, de la vente, du mémoire, etc., sans que le droit de 10 cent. devienne exigible (explications données par le rapporteur de la commission. — Séance du 22, *Journal officiel* du 23, page 2897, colonne 3).

Il en est de même de l'exemption prononcée par le même article pour les quittances d'à-comptes d'une même créance qui pouvaient être écrites sur la même feuille de papier timbré, et qui donnent ouverture aujourd'hui à la perception d'autant de droits qu'il est rédigé de quittances, ainsi que nous l'avons fait connaître en parlant des factures acquittées.

5. — Le droit est à la charge du débiteur.

Aux termes de l'article 23 de la loi, le droit de timbre est à la charge du débiteur, de celui qui reçoit la décharge ou qui effectue le dépôt.

6. — Le droit ne peut être à la charge de l'Etat.

Mais cette disposition n'abroge pas l'article 29 de la loi du 13 brumaire an vii, qui met à la charge de la partie, dans tous les cas, le droit de timbre des quittances qui lui sont délivrées ou qui sont données en son nom par les agents des divers services publics.

7. — La délivrance de la quittance n'est pas d'ailleurs obligatoire entre particuliers.

Si la nouvelle loi impose à une taxe de 10 cent. toutes les quittances, reçus ou décharges, elle ne rend pas leur délivrance obligatoire. Les particuliers pourront donc éluder légalement l'impôt en refusant qn'il leur soit donné quittance des sommes qu'ils paieront, reçu ou décharge des objets qu'ils remettront.

Mais en agissant ainsi, ils s'exposeraient à se voir réclamer une deuxième fois la somme ou l'objet. Ce serait donc une économie de 10 cent. bien mal entendue.

8. — Modes de payement du droit.

Il résulte du 4e alinéa de l'art. 18 et de l'art. 19, que le droit de timbre de 10 cent. qui est dû pour chaque acte, reçu, décharge ou quittance peut être acquitté par l'apposition d'un timbre mobile ou par celle du timbre à l'extraordinaire.

9. — Apposition de timbres mobiles.

I. — *Règles concernant les négociants et les particuliers.* — D'après l'art. 2 du décret d'administration publique du 27 novembre 1871, le timbre mobile doit être collé sur la facture acquittée, quittance, reçu ou décharge et immédiatement oblitéré par l'apposition, *à l'encre noire*, en travers du timbre, de la signature du créancier ou de celui qui donne le reçu ou décharge, ainsi que la date de l'apposition.

Afin de donner plus de facilité et de rapidité aux opérations commerciales, le même article dispose que le timbre peut être oblitéré au moyen d'une griffe, apposée *à l'encre grasse*, faisant connaître la résidence, le nom ou la raison sociale du créancier ainsi que la date de l'oblitération.

II. *Dispositions spéciales aux comptables publics, aux Compagnies et Sociétés soumises aux vérifications des agents de l'administration de l'enregistrement.* — Aux termes de l'art. 3 du décret, les mandats de toute nature payables sur les caisses publiques peuvent être revêtus du timbre mobile par les agents chargés des paiements, qui les oblitèrent au moyen de leur griffe, dans les conditions indiquées par un arrêté ministériel du 20 juillet 1863, et qui restent responsables des contraventions qui peuvent être commises.

Les Compagnies et Sociétés assujetties aux vérifications des employés de l'enregistrement peuvent également oblitérer avec leur griffe les timbres apposés sur les quittances, reçus et décharges qui leur sont donnés, et qui devraient être oblitérés par la partie prenante; mais de même que les comptables, elles sont responsables des droits et amendes.

10. — Apposition du timbre à l'extraordinaire.

L'art. 19 de la loi accorde une remise de 2 p. % aux Sociétés, Compagnies et particuliers qui voulant s'exempter de l'obligation d'apposer et d'oblitérer les timbres mobiles soumettraient au timbre à l'extraordinaire les formules imprimées de leurs factures, quittances, reçus ou décharges.

D'après l'art. 4 du décret du 27 novembre, le paiement des droits (sauf la remise de 2 p. %) doit avoir lieu au bureau le plus voisin du lieu de la résidence et dans les villes au bureau désigné par l'administration. Ce bureau est celui du receveur des actes judiciaires.

Voici la marche à suivre pour l'exécution de cette disposition :

La personne qui veut faire timbrer à l'extraordinaire les formules imprimées de ses factures, quittances, reçus ou décharges, en présente un spécimen au Receveur désigné en lui indiquant le nombre d'exemplaires à timbrer et acquitte le droit liquidé par cet agent. Puis, munie du bulletin portant permis de timbrer qui lui est délivré, et de la formule spécimen visée par le Receveur, elle dépose ou fait déposer les papiers à timbrer dans les bureaux de la Direction de l'enregistrement, des Domaines et du Timbre qui sont établis au chef-lieu du département. Le timbrage des papiers a lieu dans ces bureaux d'où la partie doit les retirer elle-même, ou les faire retirer si l'opération n'a pù être effectuée au moment même de la présentation.

L'empreinte du timbre est apposée de manière à couvrir une partie de l'impression.

Les formules imprimées en noir sont timbrées à l'encre bleue, ce qui permet de distinguer facilement les quittances ou décharges des lettres de voiture et autres imprimés qui sont timbrés en noir.

11. — Disposition spéciale au timbrage à l'extraordinaire des états d'émargements, des registres de factage, etc.

Les formules d'états de solde ou de payement, dits *états d'émargement*, les registres de factage, de camionnage, et les autres documents pour lesquels il est dû un droit de timbre pour chaque payement excédant 10 francs ou pour chaque objet reçu ou déposé, ne peuvent être timbrés à l'extraordinaire qu'autant que le droit à percevoir pour *chaque page* correspond à l'une des quotités de timbres de dimension en usage.

Ces quotités sont actuellement 0f 60, 1f 20, 1f 80, 2f 40 et 3f 60 et le nombre de quittances ou décharges que peut par suite contenir *chaque page* est 6, 12, 18, 24 et 36.

Pour tout autre nombre l'apposition du timbre est impossible et il faut absolument faire usage de timbres mobiles, oblitérés comme il a été dit.

Cette disposition ne s'appliqne d'ailleurs qu'aux particuliers et aux administrations communales et départementales, des règles spéciales ayant été tracées pour les administrations publiques de l'Etat.

12. — Mode spécial du payement du droit pour les billets de place.

Les billets de place (chemins de fer, théâtres, concerts etc.,) dont le prix excède 10 fr., peuvent, si la demande en est faite par les compagnies et entrepreneurs, n'être revêtus d'aucun timbre.

Les compagnies et entrepreneurs doivent remettre leur demande au Directeur de leur département et se conformer ensuite au mode de justifications et aux époques de payement qui leur auront été fixées.

13. — Obligation des Sociétés, Compagnies, etc,

L'art. 22 de la loi impose l'obligation aux Sociétés, Compagnies, assureurs, entrepreneurs de transport, etc., de représenter aux agents de l'administration de l'enregistrement leurs livres, registres, titres, pièces de recette, de dépense et de comptabilité afin qu'ils puissent s'assurer de l'exécution des lois sur le timbre.

14. — Sanction de la loi.

I. *Quittance, reçu ou décharge non timbré.* — L'art. 23 édicte une amende de 50 francs en principal pour chaque acte, écrit, quittance, reçu ou décharge sur lequel le timbre de 10 centimes n'aurait pas été apposé en contravention aux dispositions de l'art. 18. — Un quart de l'amende recouvrée est attribué à l'agent qui a constaté la contravention.

Cette amende s'élève aujourd'hui en principal et décimes à 60 francs.

Elle est dûe par *le signataire de la quittance, reçu ou décharge, alors que le droit de timbre est à la charge du débiteur;* il en est ainsi, malgré toute stipulation contraire faite entre les deux parties, sans que le créancier signataire puisse exercer aucun recours contre le débiteur, qui a profité de la contravention puisqu'il n'a pas eu à payer le droit de timbre. C'est en effet le signataire seul qui a commis une infraction à la loi, infraction qu'il pouvait éviter en refusant de donner une quittance, un reçu ou une décharge non timbré, dont la délivrance n'était pas d'ailleurs obligatoire et dont le débiteur aurait pu le dispenser.

II. *Quittance, reçu ou décharge considéré comme non timbré.* — D'après l'art. 24 sont considérés comme non timbrés les actes, pièces ou écrits sur lesquels le timbre mobile aurait été apposé sans l'accomplissement des conditions prescrites et ceux sur lesquels serait apposé un timbre ayant déjà servi.

III. *Refus de communication de leurs livres par les Sociétés, etc.* — L'art. 22 prononce une amende de 100 à 1000 fr. en principal contre les Sociétés, Compagnies etc., soumises aux vérifications des agents de l'administration de l'enregistrement qui refuseraient communication de leurs livres, registres, etc.

IV. *Contravention au décret réglementaire.* — Enfin, aux termes de l'art. 24 toute contravention aux dispositions du décret réglementaire du 27 novembre 1871, est punie d'une amende de 20 fr.

V. *Mode de constatation des contraventions.* — Les contraventions sont constatées par les agents désignés en l'art. 23 de la loi, qui doivent saisir les pièces non timbrées et les annexer aux procès-verbaux, qu'ils sont tenus de rapporter. Les frais de ce procès-verbal, de même que l'amende et le droit de timbre sont à la charge du signataire de la quittance ou décharge.

En cas de contestation l'affaire est portée devant le tribunal de première instance. Les frais sont supportés par la partie qui succombe.

15. — Facilités données par la loi pour la répression des
contraventions à l'art. 18.

L'art. 23 met l'amende à la charge du signataire qui n'a pas profité de la contravention, il confie la surveillance de l'exécution des prescriptions de l'art. 18 à de nombreux agents, enfin il déclare que « la contravention sera suffisamment établie « par la représentation des pièces non timbrées « annexées aux procès-verbaux. » Malgré cela cet article pourrait ne pas sembler trop redoutable si l'on s'arrêtait à sa rédaction.

Mais dans toute loi il faut voir plutôt l'esprit que le texte, et l'esprit de notre article l'on ne saurait le trouver plus clairement manifesté que dans le rapport de la Commission. « La loi, dit ce rap- « port, ne demande pas compte aux agents des « moyens par lesquels ils se sont procuré les « pièces en contravention; elle exige seulement la « représentation de ces pièces ou l'aveu de la « contravention par ceux qui l'ont commise. »

Ce serait donc à tort que celui qui acquitte une facture, délivre une quittance, un reçu ou une décharge se dirait : à quoi bon mettre un timbre, cette affaire ne peut donner lieu à aucune difficulté, la pièce que je signe ne doit pas sortir de la ville, elle n'arrivera donc jamais dans les mains d'un employé de l'administration de l'enregistrement, d'un agent de la force publique, d'un préposé des douanes, des contributions indirectes ou de l'octroi. La facture acquittée ou la décharge peut, en effet, être perdue et trouvée par un des agents, elle est en sa possession et cela suffit puisque la loi ne lui demande pas compte des moyens par lesquels il se l'est procurée. Non seulement elle peut être trouvée par un agent, mais elle peut lui être remise par le contrevenant même et il se trouvera dans la nécessité de constater la contravention commise à son profit.

Dans tous les cas le signataire donne contre lui une arme terrible à son débiteur. Celui-ci en effet, pourra exercer de terribles représailles le jour où il aura ou croira avoir à se plaindre de son créancier ou de son fournisseur; il lui suffira de livrer les factures acquittées ou quittances à un des agents pouvant dresser le procès-verbal, qu'il livre ainsi 10 factures, ce qui est bien peu, et il verra immédiatement son ennemi ou celui qu'il considèrera comme tel condamné à 60 francs d'amendes et aux frais.

Ainsi, pour économiser 10 centimes non à lui mais à son client ou à son débiteur, le signataire d'une facture acquittée ou d'une quittance non timbrée suspend sur sa tête une véritable épée de Damoclès, il s'expose à une amende de 60 francs qui peut lui être réclamée *pendant 30 ans.*

16. — La taxe est spéciale aux factures acquittées, aux quittances *pures et simples.*

Il ne paraît pas inutile d'ajouter en terminant cette partie de notre travail que l'acte qui contiendrait dans un même contexte, d'autres dispositions, indépendamment de la quittance ou de la décharge, serait insuffisamment timbré s'il n'était revêtu que du timbre spécial de 10 centimes, qu'il serait même considéré comme n'étant pas timbré.

Le nouveau droit est, comme nous l'avons dit, une taxe spéciale aux quittances, réçus ou décharges, et tous les autres actes restent assujettis, soit au droit de timbre déterminé par la dimension du papier employé à leur rédaction, soit au droit proportionnel s'ils constituent des effets de commerce, soit enfin au droit créé spécialement pour eux comme, par exemple, les actions et obligations des départements, des communes, des établissements publics, des Sociétés et Compagnies.

CHÈQUES.

1. Définition du chèque. — 2. Mode de perception de l'impôt. — 3. Disposition transitoire.

L'art. 18 s'occupe aussi des chèques « tels qu'ils « sont définis par l'art. 1er de la loi du 14 juin 1865. »

Il les assujettit à un droit fixe de 10 centimes et abroge formellement l'art. 7 de la loi du 14 juin qui les avait déclarés exempts de tout impôt pendant 10 ans.

Il suffira pour avoir tout dit sur ce nouvel impôt de rappeler la définition du chèque et d'indiquer le mode de perception.

1. — Définition du chèque.

L'art. 1er de la loi du 14 juin 1865 définit le chèque « l'écrit qui, sous forme de mandat de « paiement, sert au tireur à effectuer le retrait, à « son profit ou au profit d'un tiers, de tout ou « partie des fonds portés au crédit de son compte « chez le tiré et disponibles. »

« Il est signé par le tireur et porte la date du « jour où il est tiré.

« Il ne peut être tiré qu'à vue.

« Il peut être souscrit au porteur ou au profit « d'une personne dénommée.

« Il peut être souscrit à ordre et même transmis « par voie d'endossement en blanc. »

Nous ne saurions entrer dans de plus grands développements sans sortir des limites bornées de ce travail.

2. — Mode de perception de l'impôt.

Contrairement à ce qui a lieu pour les quittances, reçus ou décharges, le contribuable n'a pas le choix entre deux modes de paiement de l'impôt, les chèques ne peuvent pas être revêtus de timbres mobiles ou frappés du timbre à l'extraordinaire.

Ce dernier mode de paiement est le seul autorisé, « ils ne peuvent, porte le 4e alinéa de notre « article, être remis à celui qui doit en faire usage, « sans qu'ils aient été préalablement revêtus de « l'empreinte du timbre à l'extraordinaire. »

La marche à suivre pour le timbrage à l'extraordinaire des formules de chèques est la même que celle indiquée pour les formules de quittances, reçus ou décharges, mais la partie n'a pas droit à la remise de 2 p, o/o, l'art. 19 étant spécial à ces derniers titres.

3. — Disposition transitoire.

Le plus souvent le chèque est créé pour le retrait des fonds déposés en compte courant dans des maisons de banque, dans ce cas il est rédigé sur une formule extraite d'un livre à souche remis au déposant par la société ou par le banquier dépositaire. A l'avenir ce livre de chèques ne sera remis à celui qui devra en faire usage qu'après avoir été soumis à la formalité du timbre.

Pour l'application stricte de la loi. chaque détenteur aurait dû faire timbrer à l'extraordinaire les formules restant en blanc entre ses mains, mais, en raison de la gêne que cela devait occasionner le Ministre des finances a décidé, le 27 novembre 1871, que, exceptionnellement et jusqu'au 29 février 1872 inclusivement, les *Sociétés* pourront acquitter au moyen de timbres mobiles les droits exigibles pour des chèques souscrits sur des formules remises à leurs clients *antérieurement à l'époque d'exécution de la loi*, c'est-à-dire avant le 1er décembre.

Les timbres devront être collés et oblitérés avant le paiement et dans la forme prescrite par le réglement du 27 novembre et qui a été expliquée au sujet des quittances § 9 n° 2.

Ces chèques devront être représentés aux agents chargés d'opérer les vérifications autorisées par l'art. 22 de la loi.

Note relative aux ventes. aux échanges et aux partages.

Nous croyons utile, dans un pays où les actes sous signatures privées sont nombreux, d'appeler l'attention du contribuable sur les articles 12 et 14 de la loi en ce qui concerne les ventes ou échanges non constatés par actes notariés.

Toute dissimulation dans le prix d'une vente ou dans la soulte d'un échange ou d'un partage sera punie, aux termes de l'article 12, d'une amende égale au quart de la somme dissimulée et payée solidairement par les parties, *sauf à la répartir entre elles par égale part.*

Ainsi, si dans le prix d'une vente les parties dissimulent 8,000 fr., et si la dissimulation est prouvée par l'administration, l'acquéreur sera puni d'une amende de 1/2 du quart de cette somme, soit .... 1,000 fr.

Et le *Vendeur* d'une amende semblable .... 1,000 »

Total .... 2,000 »

Plus deux décimes .... 400 »

Total .... 2,400 »

Indépendamment des droits.

La dissimulation peut être prouvée par l'administration par toutes les preuves du droit commun, sauf le serment décisoire et avec cette deuxième restriction qu'elle ne peut recourir à la preuve testimoniale que pendant 10 ans à partir de l'enregistrement de l'acte.

Aux termes de l'article 14, si l'acte sous signature privée n'est pas enregistré dans un délai de 3 mois à partir de sa date (délai déterminé par l'article 22 de la loi du 22 frimaire an 7), l'*acquéreur* et le *vendeur* sont passibles, chacun d'eux personnellement et sans recours possible contre l'autre, d'un droit en sus qui ne peut être inférieur à 50 fr. en principal, ainsi d'ailleurs que cela a été expliqué pour les baux.

Le *Vendeur* de même que le bailleur, lorsqu'il s'agit de location, a un quatrième mois pour s'assurer que la vente par lui consentie a été soumise à la formalité, et pour s'affranchir de l'amende qui lui est personnelle en déposant le double de l'acte resté entre ses mains.

Ces mêmes dispositions sont applicables aux ventes verbales d'immeubles qui, d'après l'article 4 de la loi du 27 ventôse an 9, doivent être décla-

rées dans les 3 mois du jour où elles sont convé-
nues.

Le dépôt de la vente sous seing-privé, ou de la
déclaration de vente verbale, par le vendeur, s'effectue ainsi que cela a été dit pour les baux.

Décembre 1871.